型紙いらずのまっすぐ縫い
いちばんやさしい洋服づくりの教科書
松下 純子（Wrap Around R.）

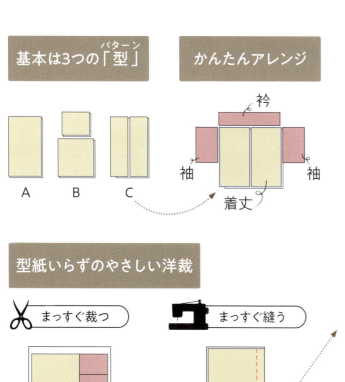

洋服ができあがり

本書の洋服は、型紙不要のソーイング。すべてのパーツが「四角い布」なので、直線縫いだけででき、サイズ調整もかんたん。基本の3つの型から、幅や着丈を変えたり、袖や衿（これも四角い布！）などをつけたり、ボトムスやコートにしたり……と、さまざまなアレンジをご紹介。初心者のかたでもすぐに作れるように、キレイに仕上げるコツもやさしく解説します。
アレンジの組み合わせしだいで何通りもの洋服が作れます。オリジナルのデザインを考えて、「私だけのワードローブ」を作ってみましょう！

Contents

A PATTERN

基本

A-1
基本のワンピース
P.4

衿ぐりをアレンジ

A-2
ギャザーネック
ブラウス

A-3
スクエアネック
ブラウス

P.5

袖をアレンジ

A-4
ハーフスリーブ
チュニック

A-5
ロングスリーブ
ワンピース

P.6

A-6
ワイドタック
スリーブブラウス

A-7
ワイドスリーブ
ブラウス

P.7

ボトムスにアレンジ

A-8
ギャザースカート
P.8

A-9
ストレートパンツ
P.9

B PATTERN

基本

B-1
基本の切り替え
ワンピース
P.10

切り替えをアレンジ

B-2
ハイウエスト
ワンピース

B-3
ローウエスト
ワンピース

P.11

ギャザーにアレンジ		袖とドレープをアレンジ	

B-4 ギャザーワンピース P.12	**B-5** ふんわりギャザー ワンピース P.13	**B-6** ヨークスリーブ ブラウス P.14	**B-7** ヨークスリーブ チュニック P.15

C PATTERN

	基本	Vの角度をアレンジ	

	C-1 基本のVネック ワンピース P.16	**C-2** Vネックブラウス	**C-3** ゆるやかVネック ブラウス
		P.17	

衿をアレンジ		前あきにアレンジ	

C-4 ボウタイブラウス P.18	**C-5** 衿つきブラウス P.19	**C-6** シャツワンピース P.20	**C-7** ノーカラーコート P.21

前身頃の幅をアレンジ	

C-8 羽織ジャケット P.22	**C-9** 羽織コート P.23

Wrap Around R.の
アレンジと着こなし ……… P.24

まっすぐ縫いの基礎と
洋服づくりのポイント ……… P.28

A PATTERN

四角い布を縫い合わせるだけの、もっともシンプルなパターン。幅や着丈、衿ぐりを変えて、ブラウスからワンピース、ボトムスまでかんたんにアレンジできます。

A-1 One-piece
基本のワンピース

2枚の布をまっすぐ縫うだけで、あっという間に作れるゆったりとしたボックス型のワンピース。シンプルなボートネックは、フェイスラインをスッキリ見せます。

作り方…P.34

ARRANGE
衿ぐりをアレンジ

A-2 Blouse
ギャザーネックブラウス

衿ぐりにゴムを入れると、ふんわり丸みのあるギャザーネックに。綿麻素材のやわらかなハーフリネンで仕立てたフェミニンなシルエットが、可愛らしい表情を作り出します。

作り方…P.34

A-3 Blouse
スクエアネックブラウス

肩ヨークをプラスすれば、スクエアネックのできあがり。広くあいた衿ぐりがデコルテをきれいに見せます。コーツにゴムを入れれば、肩のラインがぐっと華やかに。

作り方…P.37

ARRANGE
袖を アレンジ

A-4 Tunic
ハーフスリーブチュニック

A-2のギャザーネックブラウスに袖をつけたクールなチュニック。手首をすらりと見せる袖丈が華奢な印象をあたえます。サイドに入れた深めのスリットで動きやすさも抜群。

作り方…P.39

A-5 One-piece
ロングスリーブワンピース

着やせ効果のある縦長ラインを生かした長袖ワンピース。ストライプの身頃に、横に切り替えたハイネックで直線的なデザインに。衿もとのギャザーが立体感をそえます。

作り方…P.39

A-6 Blouse
ワイドタックスリーブブラウス

袖幅を広げて、ほどよいボリューム感のあるワイドスリーブにアレンジ。タックをあしらった袖口がラインにメリハリを加え、手もとのしぐさを優雅に見せてくれます。

作り方…P.43

A-7 Blouse
ワイドスリーブブラウス

ゆったりシルエットも、スクエアラインならスッキリ着こなせます。体型をカバーしながら、透け感のある白のローンレースで女性らしさを引き立てて。

作り方…P.43

ARRANGE
ボトムスに アレンジ

A-8 Skirt
ギャザースカート

ウエストにゴムを入れた、ふんわりギャザーのロングスカート。大きめのチェックがスタイリッシュに映えるデザインです。直線縫いなので柄合わせもかんたんです。

作り方…P.46

A-9 Pants
ストレートパンツ

ひし形のマチをつけるだけで、はき心地のいいパンツに。ストンとしたシルエットとアンクル丈で脚のラインがスッキリ。清潔感のあるホワイトデニムは大人カジュアルの定番です。

作り方…P.47

B PATTERN

布地を上下に裁てば、さらにデザインが広がります。ウエストの切り替え位置や幅を変えて、さまざまなシルエットに。袖つけなしで作れる、ヨークスリーブのトップスも紹介。

B-1 One-piece
基本の切り替えワンピース

ウエストラインで切り替えた、リラックス感のあるワンピースです。スカートにはタックを入れて、ほどよいフレアに。直線を生かしたデザインが首まわりや体型をスッキリ見せてくれます。

作り方…P.50

ARRANGE
切り替えをアレンジ

B-2 One-piece
ハイウエストワンピース

切り替え位置を高くして、ゆったり脚長シルエットに。ハイウエストのタックがスタイルにメリハリをあたえます。カジュアルに着こなせるキャンバス生地がおすすめ。

作り方…P.50

B-3 One-piece
ローウエストワンピース

ローウエストで切り替えれば、クラシカルで落ち着きのある印象に。ストレートな縦長シルエットだから体のラインもスッキリきれい。大人の普段着として愛用できる一枚です。

作り方…P.51

B-4 One-piece
ギャザーワンピース

スクエアネックのシックなワンピース。ウエストのふんわりギャザーが女性らしさを引き立てます。重ね着しやすく、フォーマルにもカジュアルにも着まわせるデザイン。

作り方…P.54

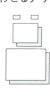

B-5 One-piece
ふんわりギャザーワンピース

スカートの丈を長く、幅を広げてたっぷりギャザーをよせた、ドレッシーなハイウエストスタイル。優雅に広がるフレアが、トップをよりコンパクトに見せてくれます。

作り方…P.54

ARRANGE
袖とドレープを
アレンジ

B-6 Blouse
ヨークスリーブ ブラウス

上部の幅を広げるだけで、ヨークがそのまま袖になります。前ヨークの幅を長く、ギャザーをよせてドレープネックに。まっすぐ裁ちとは思えない、立体的なシルエットが楽しめます。

作り方…P.58

B-7 Tunic

**ヨークスリーブ
チュニック**

ヨークと身頃の丈を長くした、エレガントなチュニック。深めのドレープと袖のギャザーがフォルムにアクセントをそえます。とろみ感のあるレーヨンでしなやかに体型をカバー。

作り方…P.58

15

C PATTERN

身頃を左右に裁ち、Vネックをベースにしました。衿つきから前あきタイプまで、多彩なデザインに展開できるパターンです。袖や着丈もアレンジして、お気に入りのスタイルに。

C-1 One-piece
基本のVネックワンピース

首もとのスッキリと抜け感のあるVネックが印象的なワンピース。身頃を左右に切り替えて作るので、センターラインが立体感をそえ、デザインのアクセントになります。

作り方…P.62

ARRANGE
Vの角度をアレンジ

C-2 Blouse
Vネックブラウス

Vネックの幅を広げたり（左）、衿ぐりを深くしたり（右）、Vの角度によって雰囲気が変わります。自分好みに調整して、いちばんきれいに見えるラインを作ってみましょう。

作り方…P.62

C-3 Blouse
ゆるやかVネックブラウス

前後の衿ぐりを浅めのVネックにしました。フロントはもちろん、バックのラインもきれいに見えるデザイン。脱ぎ着しやすく、一枚でさらりとおしゃれに決まります。

作り方…P.66

ARRANGE
衿を
アレンジ

C-4 Blouse
ボウタイブラウス

肩先のタックがフレンチスリーブに丸みをそえ、気になる二の腕をカバー。ハリのあるタイプライター生地で、こなれ感を引き出して。ボウタイを蝶々結びにしても可愛い。

作り方…P.68

C-5 Blouse
衿つきブラウス

ベーシックな衿つきのゆったりブラウス。大きくあいた衿もとと、手首がすらりと見える五分袖のベストなバランス。肌ざわりのいいダブルガーゼ生地でナチュラルな風合いに。

作り方…P.68

C-6 One-piece
シャツワンピース

前あきにすれば、カジュアルなシャツワンピースが完成。小さな胸ポケットと白衿がメンズライクなデザインを可愛らしく演出します。センターはスナップボタンでとめて、フロントをスッキリ。

作り方…P.72

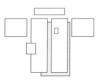

C-7 Coat
ノーカラーコート

衿ぐりの角度を深くとったコートは、体を包むような優しいシルエットが魅力的。黒ベースの色彩豊かなドビー織りのチェックなら、エレガントにもカジュアルにも着こなせます。

作り方…P.72

ARRANGE
前身頃の幅をアレンジ

C-8 Jacket
羽織ジャケット

前身頃の幅を広げてフロントで重ねた、ライダース風ジャケット。クールにさらっと羽織れるデザインです。ブローチなどで衿もとをとめて、開き具合に変化をつけても素敵。

 作り方…P.77

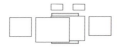

C-9 Coat
羽織コート

ジャケットの身幅をゆったりめに広げ、着丈も長くしました。ウール混のヘリンボン生地で、英国調のトラッドスタイルに。薄手でしっかり暖かい生地だから縫いやすく、着心地も軽やか。

作り方…P.77

Wrap Around R. の
アレンジと着こなし

私が主宰する着物リメイク教室の生徒のみなさんと本書で紹介した作品を自分の体型や好みに合わせてアレンジしてみました。
型紙いらずのまっすぐ縫いは、布の幅や長さを変えるだけで自由自在に服が作れます。
個性あふれるみなさんの着こなしも、ぜひ参考に！

ARRANGE

B-4 P.12/P.54
ギャザーワンピース

私はお気に入りのインド綿のベッドカバーをワンピースにリメイクしました。身頃にカバーのコーナーラインを使い、Sサイズよりも小さくして、柄と体型のバランスをとっています。ご家庭にあるいろんな布で洋服を作ってみるのも楽しいですよ。

DATA
166cm・40代
身頃46×31、肩ヨーク11×8、スカート88（ベッドカバーの1/2幅）×97

※DATAは身長・年代
裁ち図の名称、幅×丈（単位はcm）
S・M・Lサイズ表記は裁ち図のとおり
そのほかアレンジを記載

ARRANGE
B-2 P.11/P.50
ハイウエストワンピース

近藤輝美さんは肩ヨークをプラスして、重ね着しやすいスクエアネックのワンピースにアレンジ。やわらかな色合いに白のブラウスとブラウンのショートブーツでナチュラル感をそえて、大人可愛いですね。

DATA
160cm・40代
身頃Mサイズ、
肩ヨーク16×7、
スカート70×80

ARRANGE
A-5 P.6/P.39
ロングスリーブブラウス
A-9 P.9/P.47
ストレートパンツ

ゆったりLサイズのブラウスと短め丈のパンツとのコーデが素敵な井上直美さん。ブラウスは後ろ身頃を長くして裾にスリット、袖口は平ゴムでしぼるなどディテールにこだわっています。

DATA
155cm・40代
ブラウス
前身頃67×57、
後ろ身頃67×61
袖42×43、衿7×62
パンツ
パンツ71×80、マチMサイズ
※ポケットなし

ARRANGE
A-8 P.8/P.46
ギャザースカート

ライダースに合わせたスカートがかっこいい清水真弓さん。Lサイズをマキシ丈にして、ハリ感のあるジャンパー生地で仕立てました。ウエストには幅広の平ゴムを使い、落ち着いたスッキリギャザーに。

DATA
165cm・40代
スカート75×95
※ウエストは1+6cmの三つ折りにし、幅5cmの平ゴムを使用

ARRANGE

C-8 P.22/P.77

羽織ジャケット

旅好きの西川加代子さんは、薄手のリネンでさらっと羽織れるサマージャケットにアレンジ。Mサイズの丈を少し長くしてラフなシルエットに、白いシャツと黒パンツを合わせたモノトーンコーデです。

DATA
162cm・70代
前身頃73×54、
後ろ身頃58×66、
袖、肩ヨークMサイズ

ARRANGE

C-9 P.23/P.77

羽織コート

ナチュラルコーデが素敵な林純子さんは、ストライプの生地でコートを仕立てました。袖口をダブルで折り返せるように袖丈を長くしたり、肩ヨークを横ラインに切り替えたり、デザインが引き立っていますね。

DATA
158cm・50代
前身頃79×87、
後ろ身頃64×99、
袖38×55、肩ヨークMサイズ

ARRANGE
C-6 P.20/P.72
ボウタイシャツ

蚤の市で買った装飾柄が目を引く布で、丈を短くして衿をボウタイにアレンジした阪本真美子さん。タイトに着るために普段作るSサイズよりもさらに小さくして、袖にはタックと華やかですね。

DATA
154cm・40代
前身頃32.5×54、
後ろ身頃57×54、
袖38×44、
衿9×135
※ポケットなし

ARRANGE
B-6 P.14/P.58
ヨークスリーブ ブラウス

ドルマンスリーブが印象的な鈴木亜希子さんのブラウスは、前後のヨーク丈を長くして、身頃は短く仕上げています。ほどよくボリュームをもたせた袖に、たっぷりギャザーが大人カジュアル。

DATA
158cm・40代
身頃53×17、前ヨーク40×153、
後ろヨーク40×138

ARRANGE
C-5 P.19/P.68
衿つきブラウス

有川町子さんのオーバーブラウスは、大きめの衿と千鳥格子のソフトツイードがレトロな雰囲気。華奢な体に合わせて、Sサイズを小さめに仕立てています。見せかけポケットもナイスアイデア。

DATA
157cm・60代
前身頃31.5×61、後ろ身頃61×61、
袖38×39、衿16×58
衿ぐりは幅を20、高さを15

まっすぐ縫いの基礎と洋服づくりのポイント

寸法とサイズ

まっすぐ縫いは、布地の幅と長さを調節するだけで自分の体に合ったサイズの洋服が作れます。自分のヌード寸法をはかり、作り方ページの仕上がりサイズを目安に作りましょう。

採寸

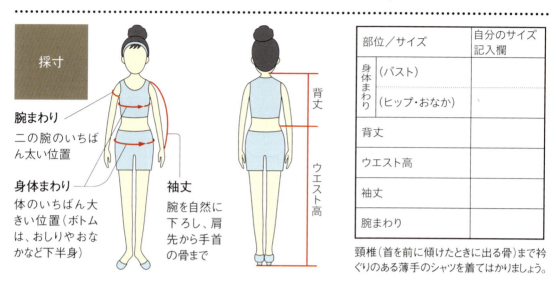

腕まわり
二の腕のいちばん太い位置

身体まわり
体のいちばん大きい位置（ボトムは、おしりやおなかなど下半身）

袖丈
腕を自然に下ろし、肩先から手首の骨まで

部位／サイズ	自分のサイズ記入欄
身体まわり（バスト）	
身体まわり（ヒップ・おなか）	
背丈	
ウエスト高	
袖丈	
腕まわり	

頸椎（首を前に傾けたときに出る骨）まで衿ぐりのある薄手のシャツを着てはかりましょう。

サイズをはかるポイント

仕上がりサイズ

ワンピース	S	M	L
身幅	59	62	65
着丈		110	
パンツ	S	M	L
ヒップまわり	108	114	120
パンツ丈		88	

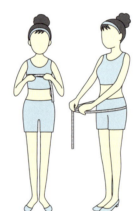

身幅・ヒップまわり

自分の身体まわりを基準に、仕上がりサイズの表からサイズを選びます。メジャーの目盛りを身幅×2、またはヒップまわりに合わせて輪っかを作り、体にあててサイズ感を確認しましょう。

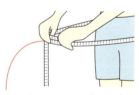

ワンピースMサイズの場合
62×2＝124cmに合わせる

着丈

メジャーの目盛りを仕上がりサイズ表の着丈に合わせ、洗濯ばさみで衿ぐりの中心にとめます。鏡でサイズ感を確認しましょう。

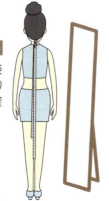

着丈110cmに合わせる

裁つ前に

布地をあてて、各部の幅や長さを確認し、好みのサイズに調節しましょう。

道具と材料の準備

本書の作品を作るときに使う道具を紹介します。作る前に準備しておきましょう。

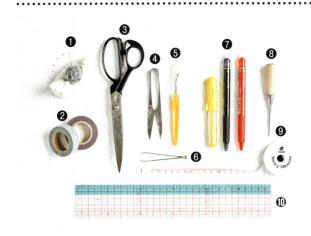

❶ ピンクッションとマチ針、手縫い針…効率よく安全に作業するためにピンクッションに針をさしておく。
❷ マスキングテープ…ミシンの縫い代の目安や布の裏表などの目印に使用。
❸ 裁ちばさみ…布を切るはさみ。
❹ 握りばさみ…糸を切るはさみ。
❺ リッパー…まちがえた縫い目をほどくときに便利。
❻ ひも通し…衿ぐりなどに平ゴムを通す。
❼ 印つけ用のペン…チャコペンのほか、こすって消えるボールペン(アイロンで消える)もおすすめ。
❽ 目打ち…布を押さえる、縫って表に返した角を出すなどの細かい作業に使用。
❾ メジャー…採寸や長い布をはかる。
❿ 方眼定規(30cm以上)…平行線や垂直線を引くときに使用。

※ミシン、ミシン針とミシン糸はP.31／アイロン、アイロン定規はP.33／材料は作り方ページを参照

布の種類

作品で使用した主な布の種類を紹介します。各作品ページを参考に、季節やデザイン、用途などに合わせて布を選びましょう。

素材	特徴
コットン	いちばんポピュラーな天然素材。吸湿性と保温性、通気性に優れ、洗濯にも強い。
麻	亜麻(リネン)と苧麻(ラミー)という植物の茎の皮が原料。シャリ感と清涼感があり、夏に最適。
ウール	一般的にメリノ種の羊毛のこと。保温性に優れ、シワになりにくい。羽織ものにおすすめ。
レーヨン	紙と同じ木材パルプが原料で、シルクのような光沢感とドレープ感のある再生繊維。
ポリエステル	シワや型崩れになりにくく、水に濡れてもすぐに乾く、洗濯にも強い合成繊維。

布の織り方と種類

シーチング P.13
たて糸とよこ糸を交互に織った平織りの布。

キャンバス P.11左
強く撚り合わせた太い糸で織った丈夫な布。

タイプライター P.18
細い糸を高密度で織った、ハリ感のある布。

ヘリンボン P.23
英語でニシンの骨という意味の杉綾織りの布。

ローンレース P.7下
ツヤ感のある平織りのローンに刺繍などを施したレース生地。

ボイル P.14
強く撚った糸で、粗く織った透け感のある布。模様はドビー織り。

ダブルガーゼ P.19
ガーゼを2枚合わせた、ふんわりと肌ざわりがいい布。

ウールドビー P.21
太めの紡毛糸をドビー織機で織った、ざっくりした厚手の布。

布の地直し

布地はたて・よこの糸が交差していますが、流通過程で布目がゆがんでいる場合があります。裁断する前にゆがみや収縮をととのえましょう。

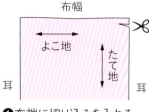
❶布端に切り込みを入れる。

一般的には穴が突き出ているほうが布表。

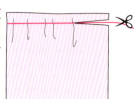
❷よこ糸を1本、切れないようにゆっくり引き抜く。

❸抜いた糸の線に沿ってカットする。

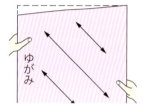
❹角が直角になるように、手で引っ張りととのえる。

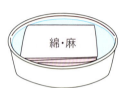
❺布をジャバラ状にたたみ、水に約1時間浸す。

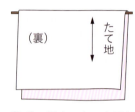
❻手で軽くしぼり、布目をととのえて陰干しする。

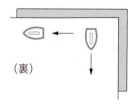
❼半乾きになったら、裏からアイロンをかける。

ウールやデリケートな素材の地直し
ウールは、布地全体を霧吹きで湿らせて約3時間ポリ袋に入れて放置する。レーヨンなどのデリケートな布は水通しはせず、あて布をしてドライアイロンで地直しをしましょう。

※縮みやすい布は、作り方の布地サイズより長めに用意しましょう。

布地の印つけと裁ち方

水平な作業台に布地を広げ、チャコペンなどで布地に線を引き、線に沿ってまっすぐ布地を裁っていきましょう。

裁ち方の例（P.43 A-6）

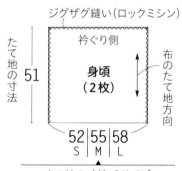
よこ地の寸法、3サイズ
寸法が1つの場合は3サイズ共通

寸法の単位はcm・縫い代込み

生地幅と必要な長さ（0.5m単位）を作り方ページに掲載。柄合わせなど、有効幅がせまい場合は、多めに布を用意しましょう。

はさみは下刃を作業台につけ、布に対して垂直にします。

布とはさみを浮かせたり、刃を傾けたりするとゆがみます。

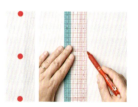
❶裁ち図の寸法を定規やメジャーではかり印をつける。点を結んで定規でまっすぐ、角は直角に線を引く。

❷布に手をそえ、裁ちばさみの刃をまっすぐに裁ち進める。

ミシン縫いの基本

本書の作品は、家庭用のミシンで縫うことができます。ミシンの基本を確認して、スムーズに縫い進められるようにしましょう。

ミシンについて

直線縫い、あら縫い、ジグザグ縫いの3種類で作ります。両手で布を扱うことができるフットコントローラがあるとミシンがけが安定するのでおすすめ。

ミシンの糸、針、布の関係

多くの布が、針11号、糸60番で縫えますが、表のように布の厚みに合わせて針と糸を替えましょう。

布の厚さ	布	ミシン針	ミシン糸
薄地	ローン、ガーゼ、ボイルなど	9号	90番
普通地	シーチング、リネン、キャンバス	11号	60番
厚地	デニム、ウールドビー、ヘリンボンなど	14号	30番

糸の色の選び方

糸の色を選ぶときは、縫い目が目立たないように布に近い色を、柄布はいちばん多く使われている色を選びます。薄い色の布は1トーン明るい糸、濃い色の布は1トーン暗い糸を選びましょう。

ミシン縫いの種類

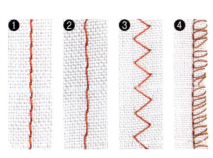

❶ **直線縫い**…布を縫い合わせる約2mmの基本の縫い目。
❷ **あら縫い**…ギャザーをよせるときなど、4〜5mmの目で縫う。
❸ **ジグザグ縫い**…布端のほつれどめに縁をかがり縫いする。家庭用ではジグザグ縫いする。
❹ **かがり縫い<ロックミシン>**…布端のほつれどめの縁かがり縫いをする。

ミシンの調子

水平釜の家庭用ミシンは、上糸で糸の調子を調節します。縫い始める前に、糸調子を確認しましょう。

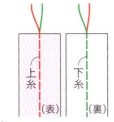

上下の糸がバランスよく、ちょうどいい状態。

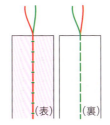

表側に下糸が見え、上糸が強い状態。上糸の糸調子を弱くする。

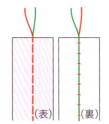

裏側に上糸が見え、上糸が弱い状態。上糸の糸調子を強くする。

きれいに仕上げるコツ

ミシン縫いでおさえておきたい、ミシンのかけ方など、きれいに仕上げるコツを紹介します。

直線縫い
針がおりるところから、縫い代分はなれたポイントにマスキングテープを約5cm貼ると、まっすぐ縫いやすくなります。

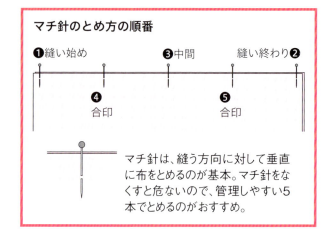

マチ針のとめ方の順番
❶縫い始め　❸中間　縫い終わり❷
❹合印　❺合印

マチ針は、縫う方向に対して垂直に布をとめるのが基本。マチ針をなくすと危ないので、管理しやすい5本でとめるのがおすすめ。

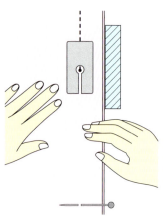

❶縫い線は体の正面。左手は押さえ金の近くで布を、右手は手前で布を軽く押さえる。

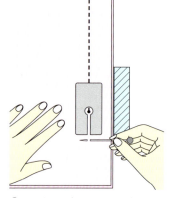

❷マチ針は、押さえ金の手前でミシンをとめて抜いてから、続きを縫い進めていく。

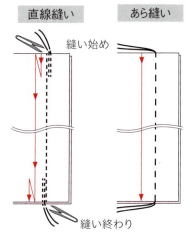

直線縫い　あら縫い
縫い始め　縫い終わり

直線縫いは、糸がほどけないように縫い始めと終わりは約1cm折り返し縫いをする。あら縫いは、上糸の調子を弱くして、折り返さずに縫い始めと終わりの糸を長めに残す。

筒状に縫う

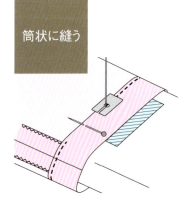

テーブルの一部が外れるミシンの場合は、裏返しにした筒をアームに差し込んで縫う。

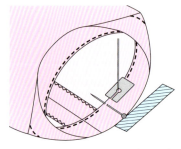

フリーアームができない場合は、表側から筒口をひらき、裏側の縫い位置を針に合わせて縫う。

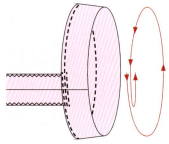

糸がほどけないように、縫い始めに縫い終わりを約1cm重ね、さらに折り返し縫いをする。

アイロンのかけ方

❶ アイロン台
❷ アイロン
❸ アイロン定規

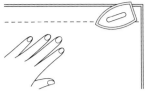

縫い目をととのえる
ミシン縫いのたびに、アイロンの先端を使って縫い目にアイロンをかけ、縫い目を落ち着かせる。

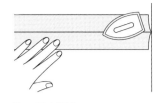

縫い代を割る
縫い代を広げ、指先で押さえながら、アイロンの先端を使ってアイロンをかける。

袖や裾、ウエストの三つ折り　＜1+2cmの三つ折りの場合＞

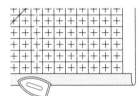

❶布の端から1cm折り、アイロンでかたをつける。

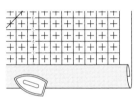

❷さらに2cm折って、アイロンでかたをつける。

❸折り山を縫う。

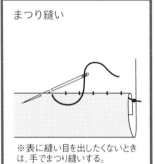

まつり縫い

※表に縫い目を出したくないときは、手でまつり縫いする。

作り方ページの見方

作り始める前に、製図の見方をおさえておきましょう。

表記と記号

布表は　　色
布裏は　　色
単位は　cm

〜〜〜〜〜〜　ジグザグ縫い（ロックミシン）
－－－－－－　解説している縫い線
－－－－●　●は縫いどめる印
- - - - - -　縫い終えた線
― ― ― ―　あら縫い線
―・―・―　中心線
↕　布のたて地の方向
〜〜　長さを省略
✎　印つけ

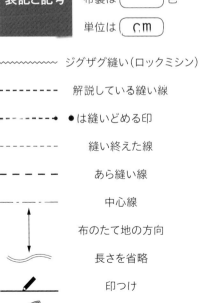　アイロンをかける

作り方の図の見方

前身頃と後ろ身頃を、中表に合わせていることがわかるように、図は少しずらしています。
実際は布をぴったり合わせましょう。

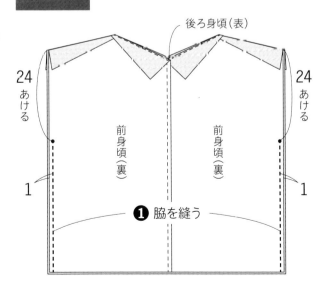

後ろ身頃（表）
24 あける
24 あける
前身頃（裏）
前身頃（裏）
1
1
❶ 脇を縫う

A PATTERN

裁ち図　単位はcm
←→　布のたて地の方向
〜〜　ジグザグ縫い（裁ち図のみに記載）

A-1 基本のワンピース

Photo P.4

材料
布（ベルギーリネン）…112cm幅×2.5m

仕上がりサイズ

	S	M	L
身幅	59	62	65
着丈		110	

衿ぐり側
身頃（2枚）
114
61 S / 64 M / 67 L

A-2 ギャザーネックブラウス

Photo P.5

材料
布（ハーフリネン）…108cm幅×1.5m
0.6cm幅の平ゴム…24cm×2本

仕上がりサイズ

	S	M	L
身幅	59	62	65
着丈		60	

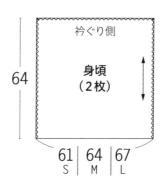

衿ぐり側
身頃（2枚）
64
61 S / 64 M / 67 L

作り方A-1・A-2共通

1 前身頃と後ろ身頃を合わせ、肩と衿ぐりを縫う

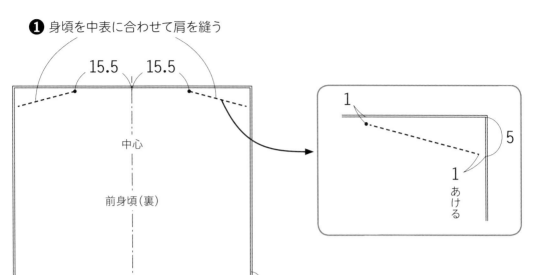

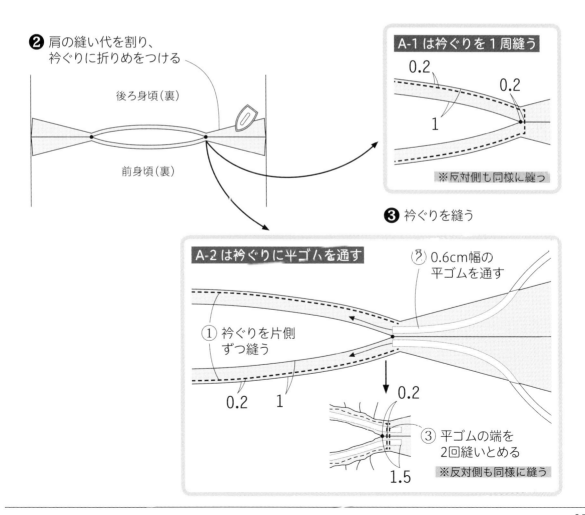

② 脇と袖ぐりを縫う

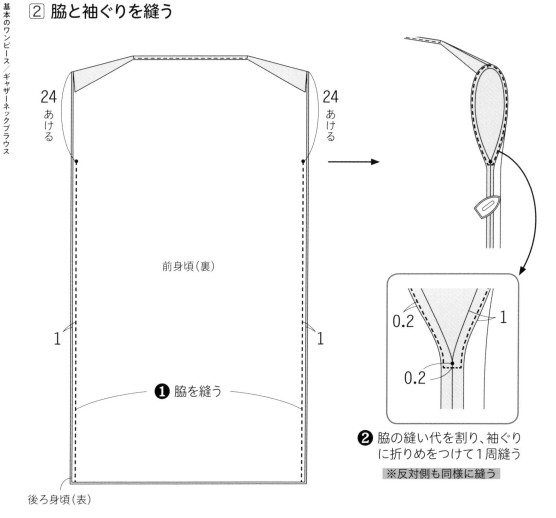

❷ 脇の縫い代を割り、袖ぐりに折りめをつけて1周縫う
※反対側も同様に縫う

③ 裾を縫う

❶ 裾を三つ折りにして1周縫う

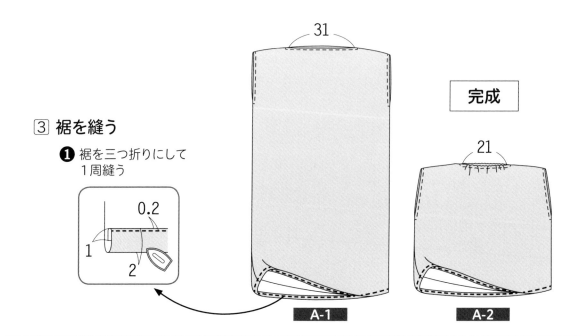

完成

A-3 スクエアネックブラウス

裁ち図　単位はcm
← 布のたて地の方向
〜〜〜 ジグザグ縫い(裁ち図のみに記載)

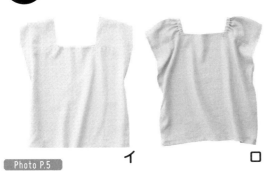

Photo P.5

イ　ロ

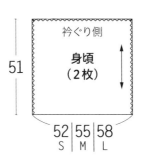

衿ぐり側
身頃（2枚）
51
52 | 55 | 58
S　M　L

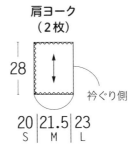

肩ヨーク（2枚）
28
衿ぐり側
20 | 21.5 | 23
S　M　L

イ 材料
布（カンフィーリネン）…105cm幅×1.5m
（Sサイズは1m）

ロ 材料
布（カンフィーリネン）…105cm幅×1.5m
（Sサイズは1m）
1.5cm幅の平ゴム…16cm×2本

仕上がりサイズ

	S	M	L
身幅	50	53	56
着丈イ		60	
着丈ロ		54	

作り方イ・ロ共通

1 肩ヨークを縫う

❶ 衿ぐり側を三つ折りにして縫う

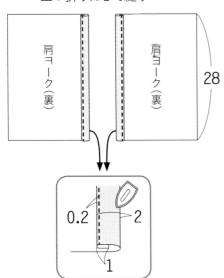

ロは肩ヨークに平ゴムを通す

① 1.5cm幅の平ゴムを三つ折り部分に通す
② 平ゴムの両端を2回縫いとめる

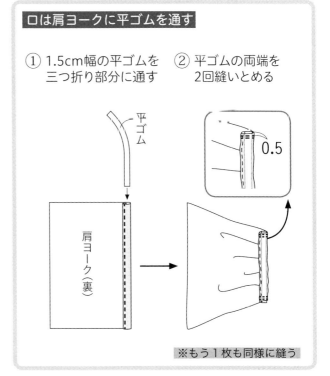

※もう1枚も同様に縫う

② 身頃と肩ヨークを縫い合わせ、衿ぐりを縫う

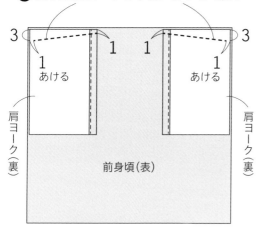

③ 前身頃と後ろ身頃を合わせて脇と袖ぐりを縫う

④ 裾を縫う

❶ 裾を三つ折りにして1周縫う

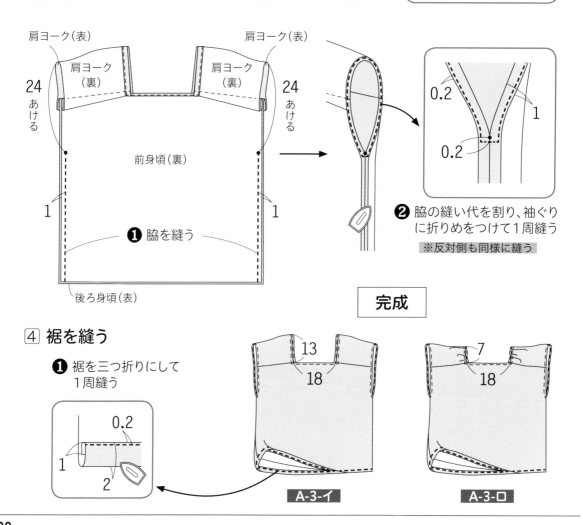

A-4 ハーフスリーブチュニック

S	38.5
M	40
L	41.5

袖口側
袖(2枚)
38

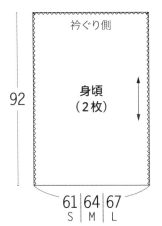

衿ぐり側
身頃(2枚)
92

S	M	L
61	64	67

Photo P.6

材料
布(ベルギーリネン)…112cm幅×2m
0.6cm幅の平ゴム…24cm×2本

仕上がりサイズ

	S	M	L
身幅	59	62	65
着丈		88	

裁ち図 単位はcm
← → 布のたて地の方向
〜〜 ジグザグ縫い(裁ち図のみに記載)

A-5 ロングスリーブワンピース

S	45.5
M	47
L	48.5

袖口側
袖(2枚)
38

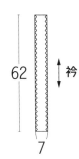

衿
62
7

衿ぐり側
身頃(2枚)
114

S	M	L
61	64	67

Photo P.6

材料
布(コットン/リネン 先染めストライプ)
…112cm幅×2.5m

仕上がりサイズ

	S	M	L
身幅	59	62	65
着丈		110	

作り方A-4・A-5共通

1 前身頃と後ろ身頃を合わせ、肩と衿ぐりを縫う

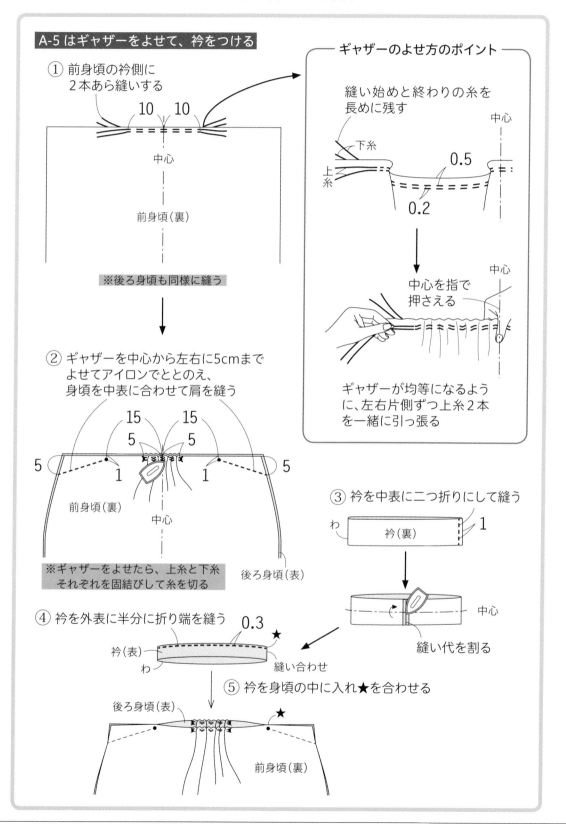

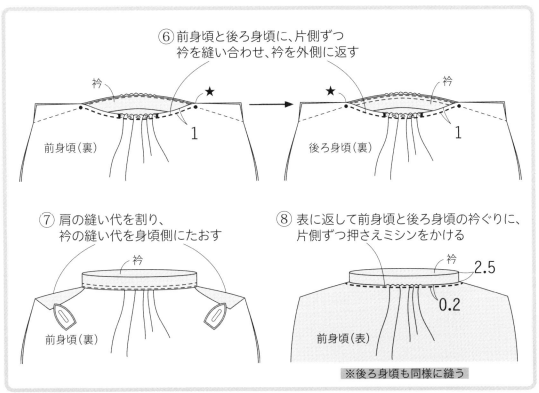

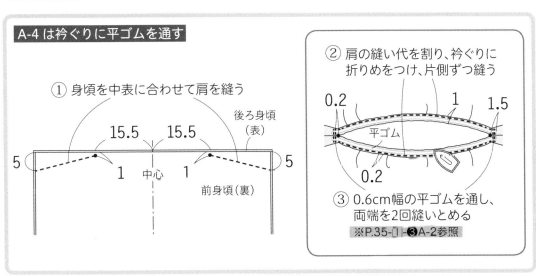

2 袖を作る

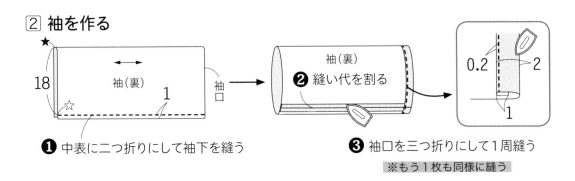

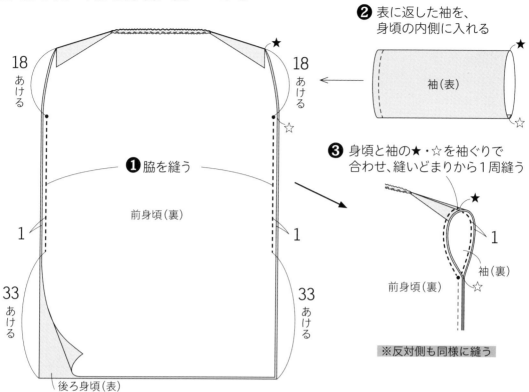

③ 脇を縫い、袖を身頃に縫いつける

④ スリットと裾を縫う

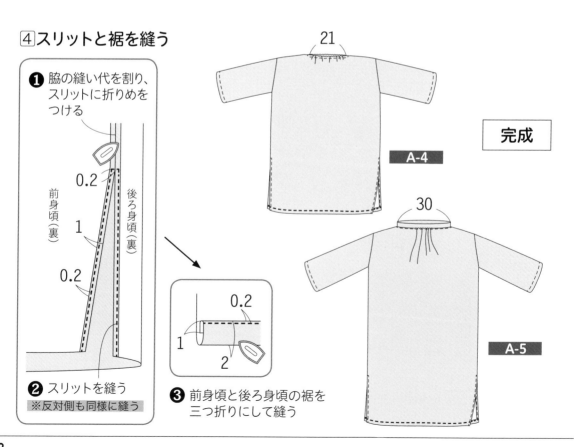

A-6 ワイドタックスリーブブラウス

裁ち図　単位はcm
→ 布のたて地の方向
〜〜 ジグザグ縫い(裁ち図のみに記載)

Photo P.7

材料
布(リネン ワッシャー)…130cm幅×1m

仕上がりサイズ

	S	M	L
身幅	50	53	56
着丈		58	

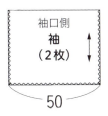

袖(2枚)
S 38.5 / M 40 / L 41.5
袖口側
50

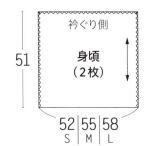

身頃(2枚)
衿ぐり側
51
52 / 55 / 58
S / M / L

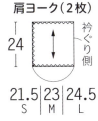

肩ヨーク(2枚)
24
衿ぐり側
21.5 / 23 / 24.5
S / M / L

A-7 ワイドスリーブブラウス

Photo P.7

材料
布(ローンレース)…125cm幅×1.5m
1.5cm幅の平ゴム…16cm×2本

袖(2枚)
S 36.5 / M 38 / L 39.5
袖口側
50

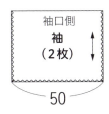

身頃(2枚)
衿ぐり側
51
52 / 55 / 58
S / M / L

仕上がりサイズ

	S	M	L
身幅	50	53	56
着丈		54	

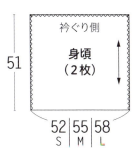

肩ヨーク(2枚)
28
衿ぐり側
20 / 21.5 / 23
S / M / L

作り方A-6・A-7共通

1 肩ヨークを縫う

❶ 衿ぐり側を三つ折りにして縫う

※もう1枚も同様に縫う

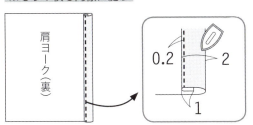

A-7 は肩ヨークに平ゴムを通す

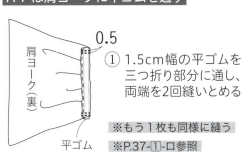

① 1.5cm幅の平ゴムを三つ折り部分に通し、両端を2回縫いとめる

※もう1枚も同様に縫う
※P.37-1-ロ参照

② 身頃と肩ヨークを縫い合わせ、衿ぐりを縫う

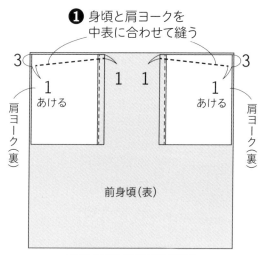

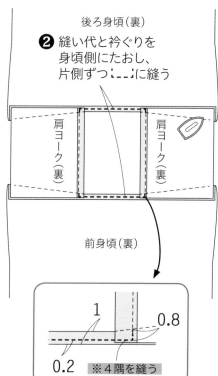

③ 袖を作る

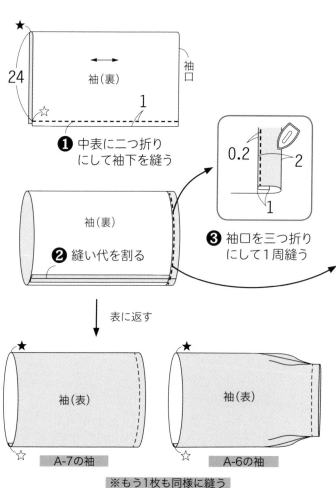

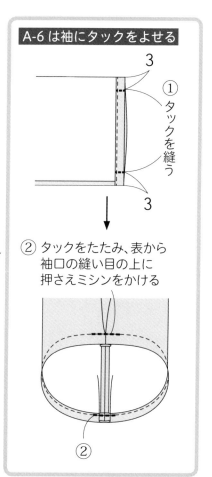

4 前身頃と後ろ身頃を中表に合わせて脇を縫い、袖を縫いつける

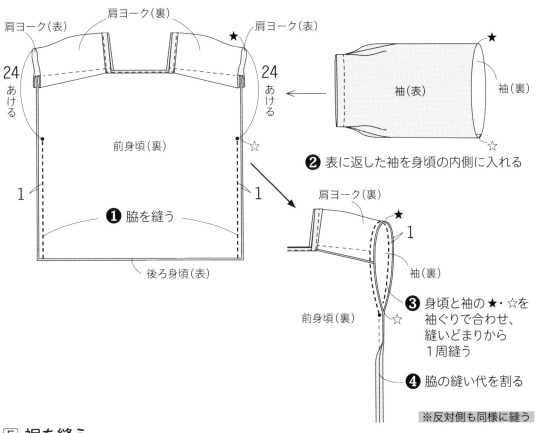

5 裾を縫う

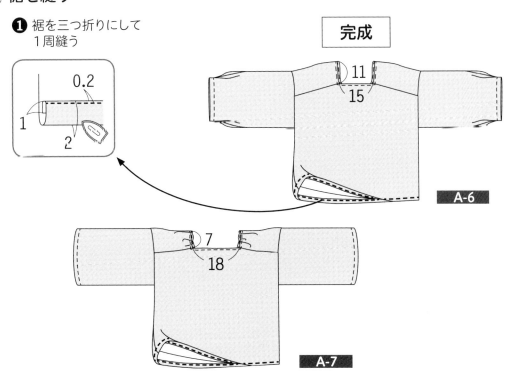

A-8 ギャザースカート

Photo P.8

材料
布(コットン/リネン ベーシックチェック)
…110cm幅×2m
2.5cm幅の平ゴム…適宜

仕上がりサイズ

	S	M	L
身幅（ヒップ）	66	69	72
スカート丈		80	

裁ち図　単位はcm
← 布のたて地の方向
〜〜 ジグザグ縫い(裁ち図のみに記載)

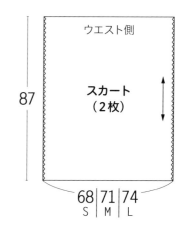

作り方

① 前スカートと後ろスカートを合わせ、脇を縫う

② ウエストと裾を縫う

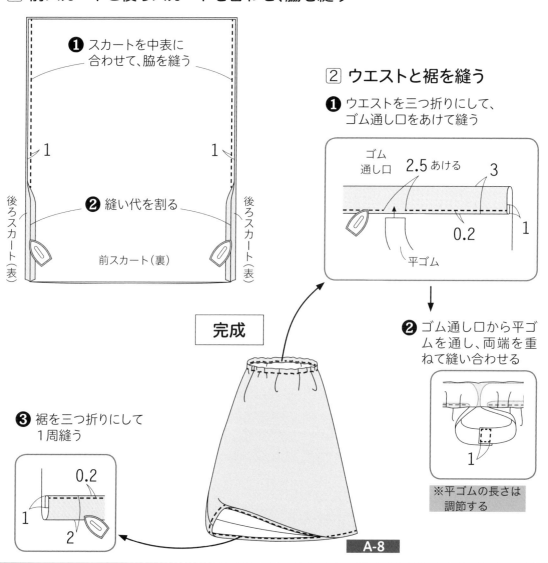

A-9 ストレートパンツ

Photo P.9

材料
布（デニム）…110cm幅×2.5m（Sサイズは2m）
2cm幅の平ゴム…適宜
1.2cm幅の伸びどめテープ（片面アイロン接着）…適宜

仕上がりサイズ

	S	M	L
ヒップまわり	108	114	120
パンツ丈		88	

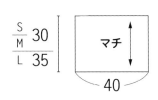

裁ち図 単位はcm
⟷ 布のたて地の方向
〰 ジグザグ縫い（裁ち図のみに記載）

ウエスト側
パンツ（2枚）
95
68 | 71 | 74
S | M | L

ポケット（2枚）
24
18
ポケット口側

S/M 30
L 35
マチ 40

作り方

1 パンツの脇を縫う

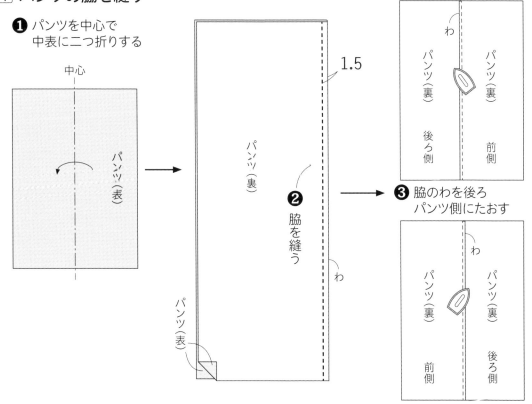

❶ パンツを中心で中表に二つ折りする
❷ 脇を縫う
❸ 脇のわを後ろパンツ側にたおす

2 ポケットを縫いつける

❶ ポケット口を三つ折りにして縫い、底辺、左右の順に縫い代を折る

❷ ポケットの中心を脇に合わせて縫いつけ、ポケット口の両端は補強用に斜めに縫う

※反対側も同様に縫う

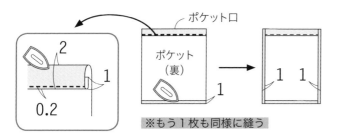

※もう1枚も同様に縫う

3 前と後ろの中央とタックを縫う

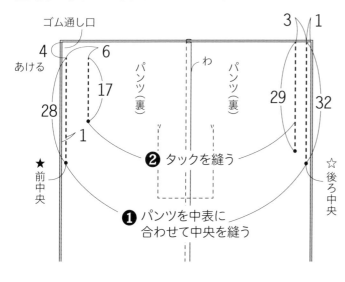

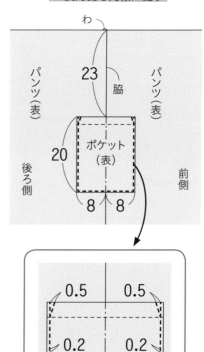

4 マチを縫いつける

❶ マチに裁ち線をつけ、内側に伸びどめテープを貼って裁断する
※P.64-2 MEMO参照

❷ マチの1cm内側に縫い代の印をつける

❸ 中央の縫い代を割り、タックをたたむ

❹ パンツとマチを中表に合わせ、★・☆から矢印方向に印に沿って縫い合わせる

※パンツとマチの★・☆を合わせる

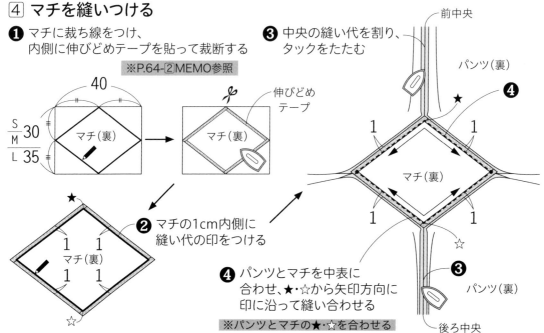

5 前・後ろ中央のタックに押さえミシンをかけ、股下を縫う

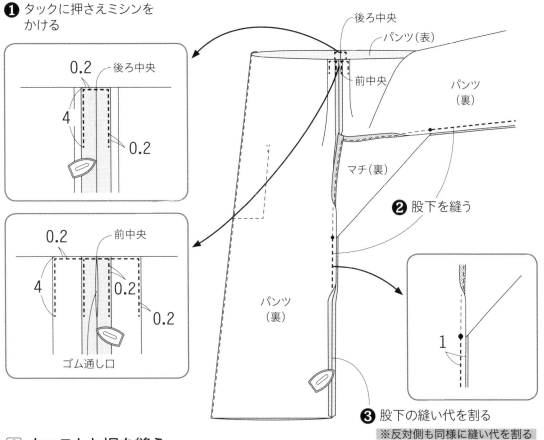

6 ウエストと裾を縫う

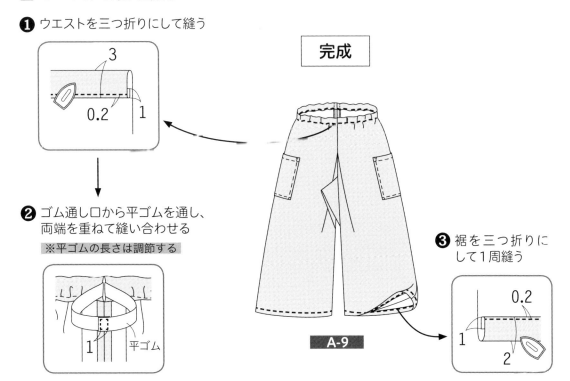

B PATTERN

裁ち図 【単位はcm】
↔ 布のたて地の方向
〜〜 ジグザグ縫い（裁ち図のみに記載）

B-1 基本の切り替えワンピース

Photo P.10

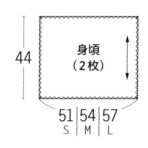

身頃（2枚）
44
51 / 54 / 57
S / M / L

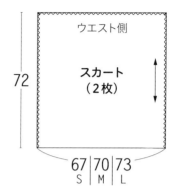

ウエスト側
スカート（2枚）
72
67 / 70 / 73
S / M / L

材料
布（ベルギーリネン）…112cm幅×2m（Lサイズは2.5m）

仕上がりサイズ
B-1・B-2・B-3 共通

身幅		S	M	L
	（バスト・ウエスト）	49	52	55
	（ヒップ）	65	68	71
着丈			110	

B-2 ハイウエストワンピース

Photo P.11

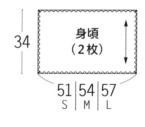

身頃（2枚）
34
51 / 54 / 57
S / M / L

ウエスト側
スカート（2枚）
82
67 / 70 / 73
S / M / L

材料
布（コットン/リネン キャンバス）…108cm幅×2.5m（Sサイズは2m）

B-3 ローウエストワンピース

Photo P.11

材料
布(カンフィーリネン)…105cm幅×2.5m(Sサイズは2m)

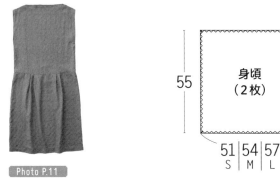

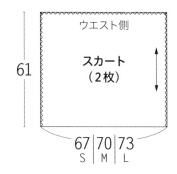

作り方 B-1・B-2・B-3共通

1 前身頃と後ろ身頃を合わせ、肩と衿ぐりを縫う

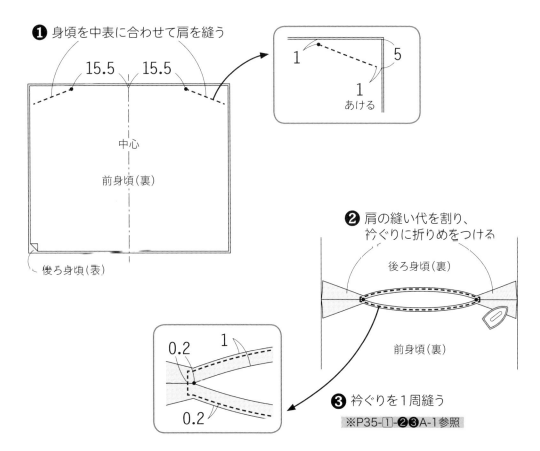

2 脇と袖ぐりを縫う

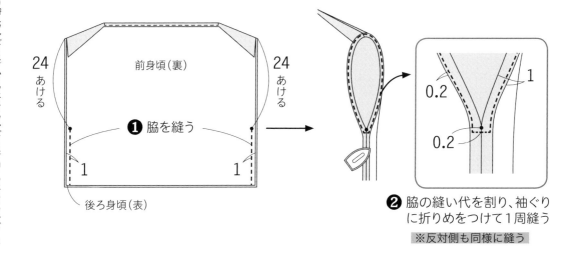

3 前スカートと後ろスカートを合わせ、脇とタックを縫う

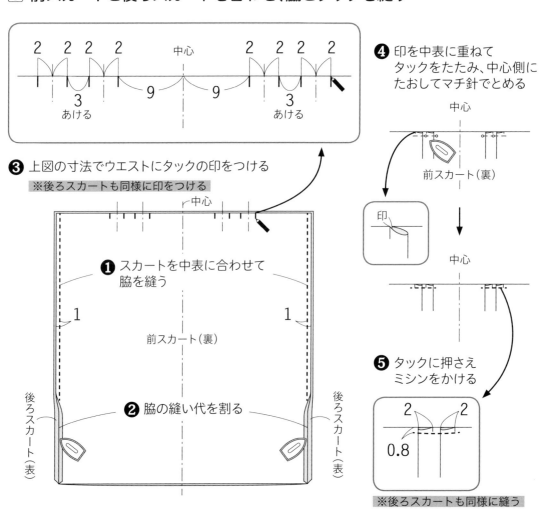

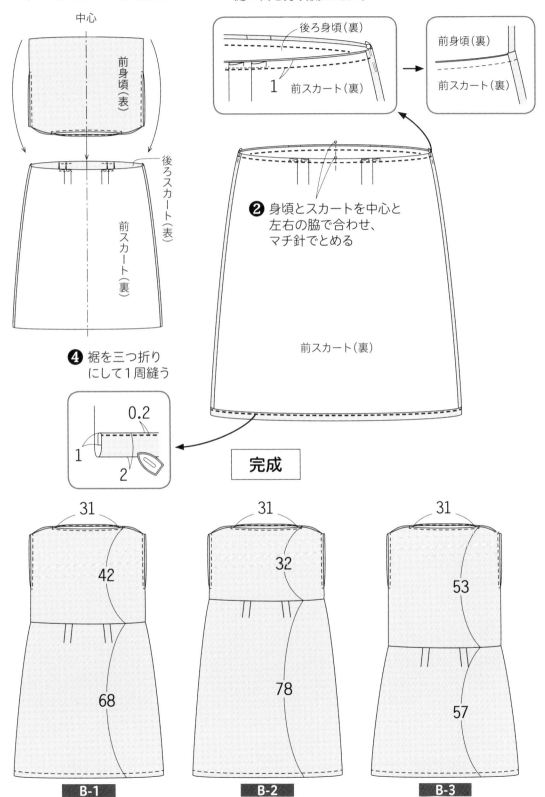

B-4 ギャザーワンピース

Photo P.12

裁ち図 単位は cm
← 布のたて地の方向
〜〜〜 ジグザグ縫い（裁ち図のみに記載）

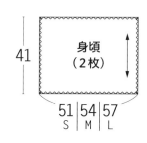

身頃（2枚） 41
51 / 54 / 57
S / M / L

ウエスト側
スカート（2枚） 67
84 / 87
S / M / L

肩ヨーク（2枚）
8
13.5 / 15 / 16.5
S / M / L

材料
布（ポリエステル）…145cm幅×1.5m

仕上がりサイズ

		S	M	L
身幅	（バスト・ウエスト）	49	52	55
	（ヒップ）	82	85	
着丈		105		

B-5 ふんわりギャザーワンピース

Photo P.13

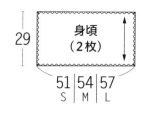

身頃（2枚） 29
51 / 54 / 57
S / M / L

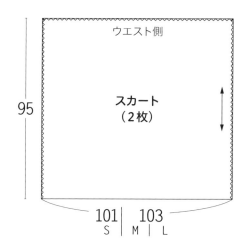

ウエスト側
スカート（2枚） 95
101 / 103
S / M / L

肩ヨーク（2枚）
12
13.5 / 15 / 16.5
S / M / L

材料
布（コットン／リネン　シーチング）
…105cm幅×2.5m

仕上がりサイズ

		S	M	L
身幅	（バスト・ウエスト）	49	52	55
	（ヒップ）	99	101	
着丈		123		

作り方B-4・B-5共通

1 肩ヨークを縫い、身頃と縫い合わせ、衿ぐりを縫う

❶ 肩ヨークを折り線で折って縫う

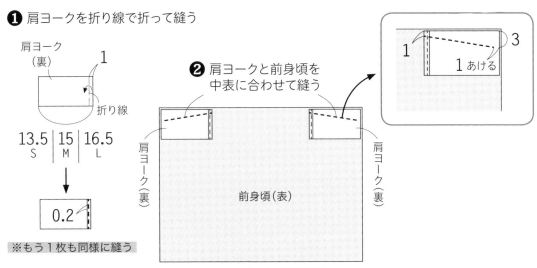

❸ 縫い代と衿ぐりを身頃側に たおし、片側ずつ └ ┘ に縫う

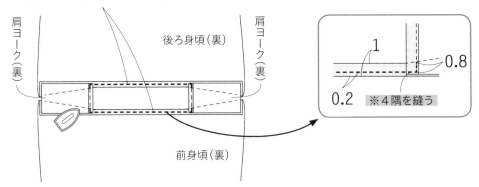

2 前身頃と後ろ身頃を中表に合わせ、脇と袖ぐりを縫う

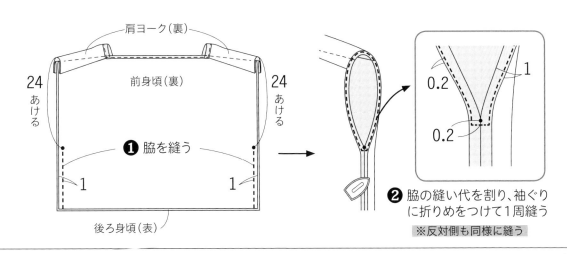

③ 前スカートと後ろスカートを合わせ、脇を縫う

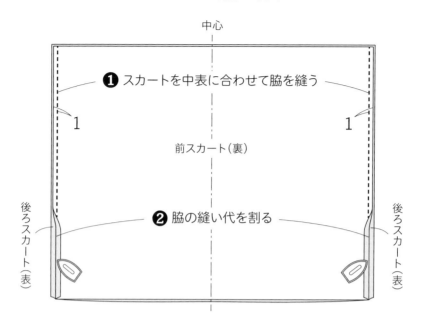

④ スカートのウエストにギャザーをよせる

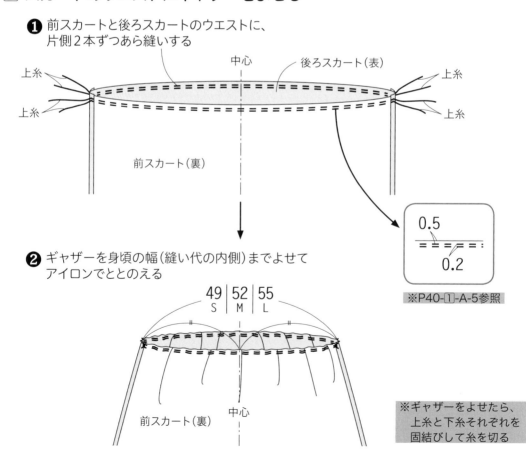

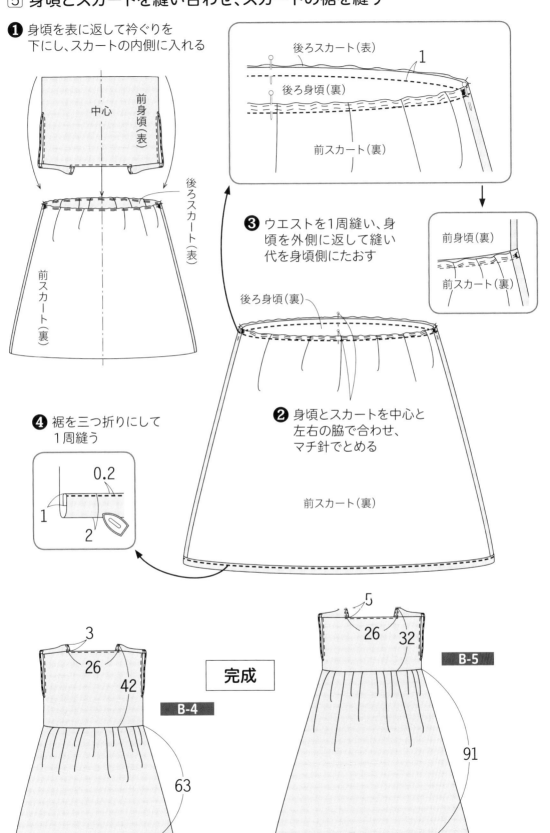

B-6 ヨークスリーブブラウス

Photo P.14

材料
布（コットン/ポリエステル　ボイル　スノーカットドビー）
…100cm幅×2.5m

仕上がりサイズ

	S	M	L
身幅	50	53	56
着丈	60		

裁ち図　単位はcm
← 布のたて地の方向
〜〜 ジグザグ縫い（裁ち図のみに記載）

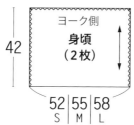

ヨーク側
身頃
（2枚）
42
52 | 55 | 58
S | M | L

後ろヨーク
118
24

前ヨーク
133
24

B-7 ヨークスリーブチュニック

Photo P.15

材料
布（レーヨン）…103cm幅×3m
1.5cm幅の平ゴム…26cm×2本

仕上がりサイズ

	S	M	L
身幅	59	62	65
着丈	82		

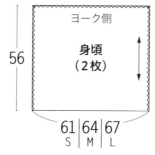

ヨーク側
身頃
（2枚）
56
61 | 64 | 67
S | M | L

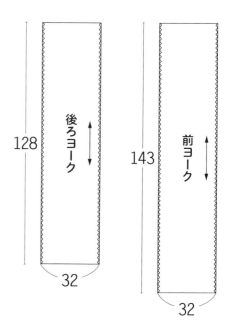

後ろヨーク
128
32

前ヨーク
143
32

作り方B-6・B-7共通

1 前ヨークにギャザーをよせる

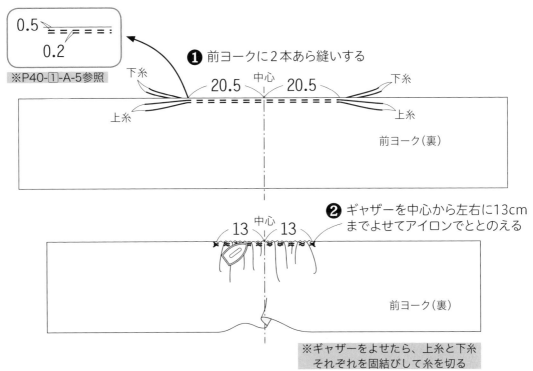

2 身頃とヨークを縫い合わせる

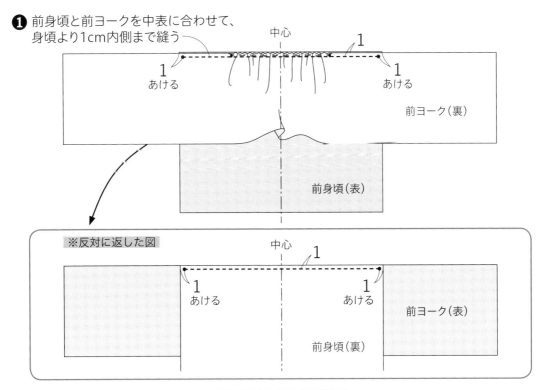

※後ろ身頃も同様に縫う

③ 肩、衿ぐり、袖下を縫う

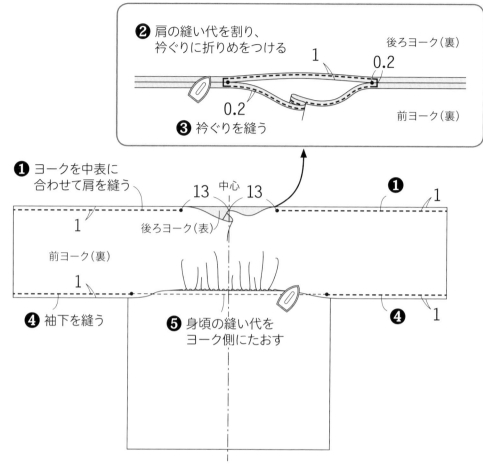

④ 脇を縫う

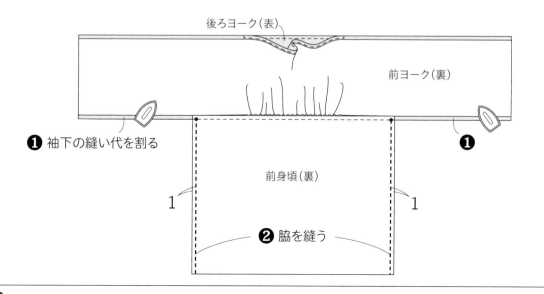

5 袖口を縫う

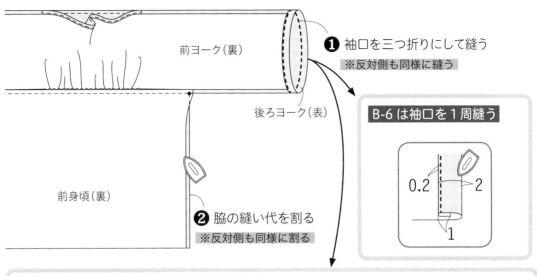

❶ 袖口を三つ折りにして縫う
※反対側も同様に縫う

❷ 脇の縫い代を割る
※反対側も同様に割る

B-6 は袖口を1周縫う

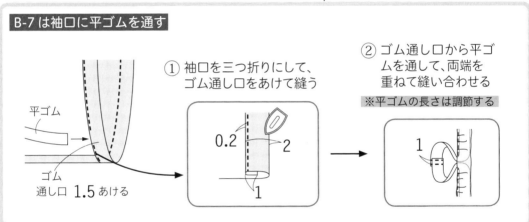

B-7 は袖口に平ゴムを通す

① 袖口を三つ折りにして、ゴム通し口をあけて縫う

ゴム通し口 1.5 あける

② ゴム通し口から平ゴムを通して、両端を重ねて縫い合わせる
※平ゴムの長さは調節する

6 裾を縫う

❶ 裾を三つ折りにして1周縫う

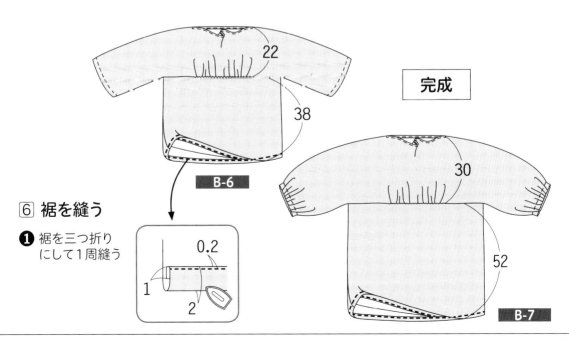

完成

PATTERN

C-1 基本のVネックワンピース

Photo P.16

裁ち図 単位はcm
← → 布のたて地の方向
～～～ ジグザグ縫い(裁ち図のみに記載)

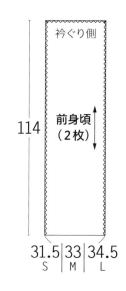

材料
布(ベルギーリネン)…112cm幅×2.5m
1.2cm幅の伸びどめテープ
(片面アイロン接着)…適宜

仕上がりサイズ

	S	M	L
身幅	59	62	65
着丈		110	

C-2 Vネックブラウス

Photo P.17
イ　　　ロ

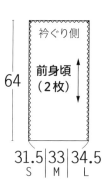

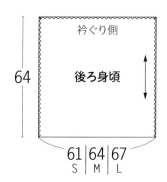

材料　イ・ロ共通
布(エアリーリネン)…103cm幅×1.5m
1.2cm幅の伸びどめテープ
(片面アイロン接着)…適宜

仕上がりサイズ

	S	M	L
身幅	59	62	65
着丈		60	

作り方C-1・C-2共通

① 前身頃と後ろ身頃を合わせ、肩を縫う

❶ 前身頃の衿ぐりにAとBの印をつける

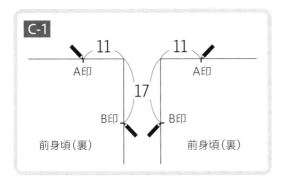
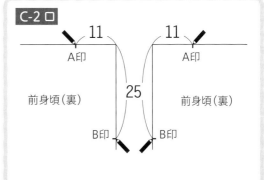
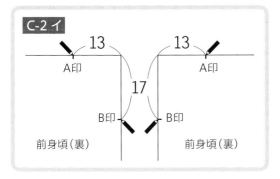

❷ 身頃を中表に合わせて脇でそろえ、肩を縫う

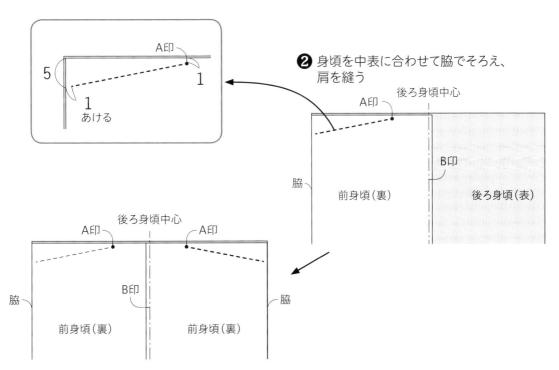

2 前身頃を中表に合わせ、中央を縫う

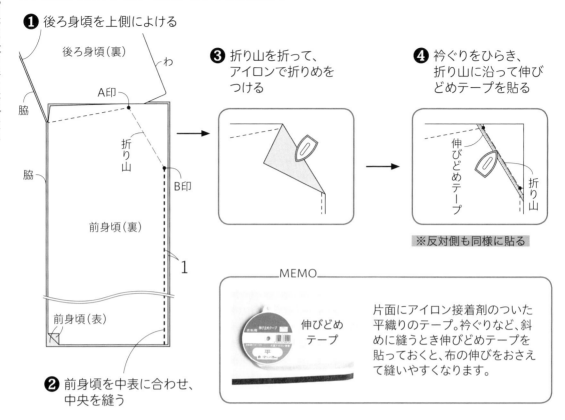

3 衿ぐりを縫う

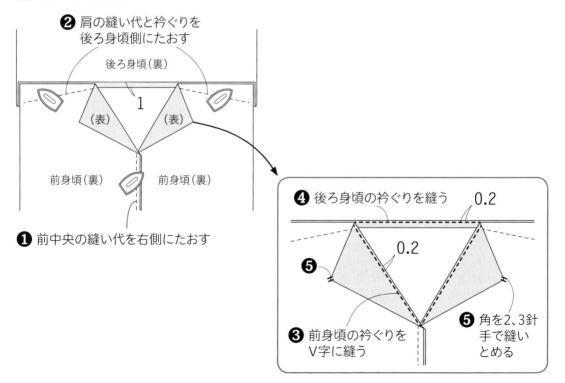

4 脇と袖ぐりを縫う

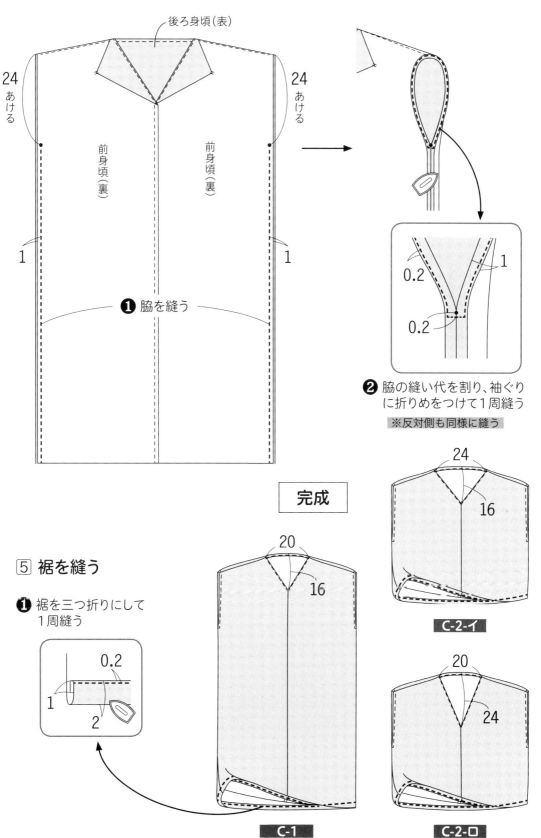

❶ 脇を縫う

❷ 脇の縫い代を割り、袖ぐりに折りめをつけて1周縫う
※反対側も同様に縫う

5 裾を縫う

❶ 裾を三つ折りにして1周縫う

完成

C-1
C-2-イ
C-2-ロ

C-3 ゆるやかVネックブラウス

Photo P.17

材料
布(麻　キャンバス)…110cm幅×1.5m
1.2cm幅の伸びどめテープ(片面アイロン接着)…適宜

裁ち図　単位はcm
←→　布のたて地の方向
〜〜〜　ジグザグ縫い(裁ち図のみに記載)

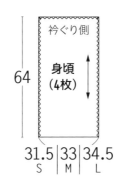

仕上がりサイズ

	S	M	L
身幅	59	62	65
着丈	60		

作り方

1 前身頃と後ろ身頃を合わせ、肩を縫う

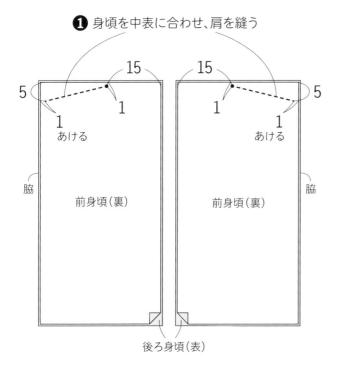

❶ 身頃を中表に合わせ、肩を縫う

2 身頃を中表に合わせ、中央を縫う

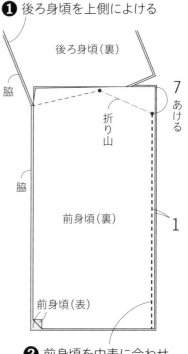

❶ 後ろ身頃を上側によける
❷ 前身頃を中表に合わせ、中央を縫う
※後ろ身頃も同様に縫う

③ 衿ぐりを縫う

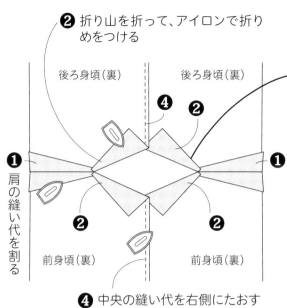
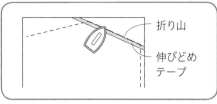
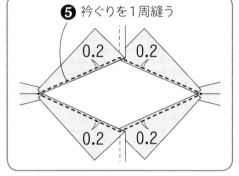

④ 脇と袖ぐりを縫う

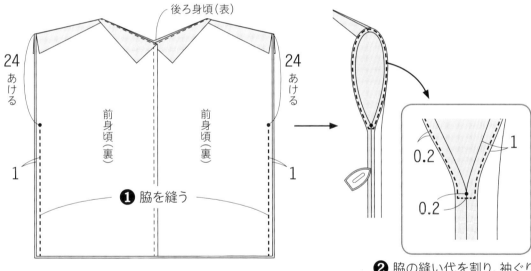

⑤ 裾を縫う

❶ 裾を三つ折りにして1周縫う

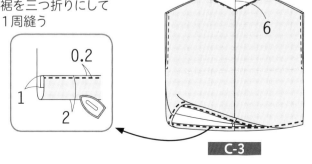

完成

C-4 ボウタイブラウス

Photo P.18

材料
布(タイプライター)…112cm幅×1.5m
1.2cm幅の伸びどめテープ
(片面アイロン接着)…適宜

仕上がりサイズ

	S	M	L
身幅	59	62	65
着丈		60	

裁ち図 単位はcm
↔ 布のたて地の方向
〰 ジグザグ縫い(裁ち図のみに記載)

後ろ身頃 衿ぐり側 64
S 61 / M 64 / L 67

前身頃(2枚) 衿ぐり側 64
S 31.5 / M 33 / L 34.5

ボウタイ 142 × 10

C-5 衿つきブラウス

Photo P.19

材料
布(ダブルガーゼ)…110cm幅×1.5m
1.2cm幅の伸びどめテープ
(片面アイロン接着)…適宜

仕上がりサイズ

	S	M	L
身幅	59	62	65
着丈		60	

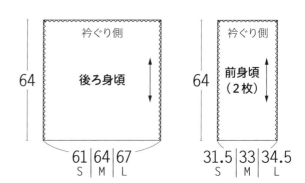

後ろ身頃 衿ぐり側 64
S 61 / M 64 / L 67

前身頃(2枚) 衿ぐり側 64
S 31.5 / M 33 / L 34.5

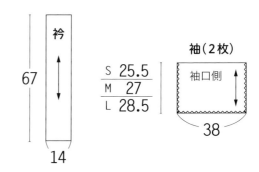

衿 67 × 14

袖(2枚) 袖口側
S 25.5 / M 27 / L 28.5
38

作り方C-4・C-5共通

1 前身頃と後ろ身頃を合わせ、肩を縫う

❶ 前身頃の衿ぐりにAとBの印をつける

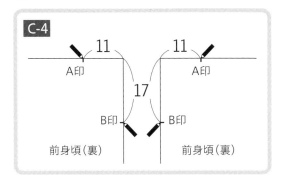

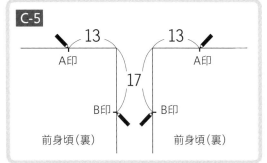

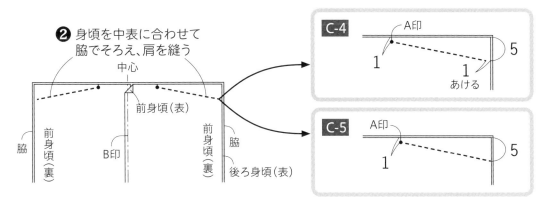

2 前身頃を中表に合わせ、中央を縫う

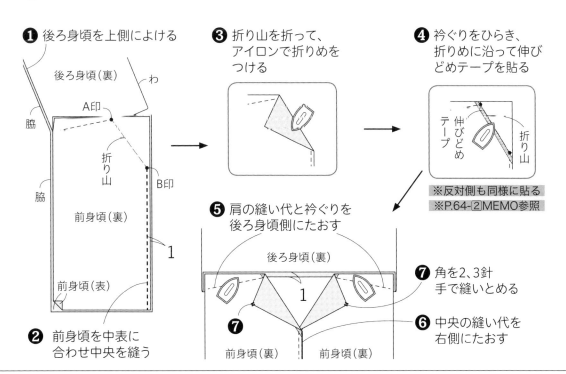

3 衿を作り、身頃に縫いつける

C-4
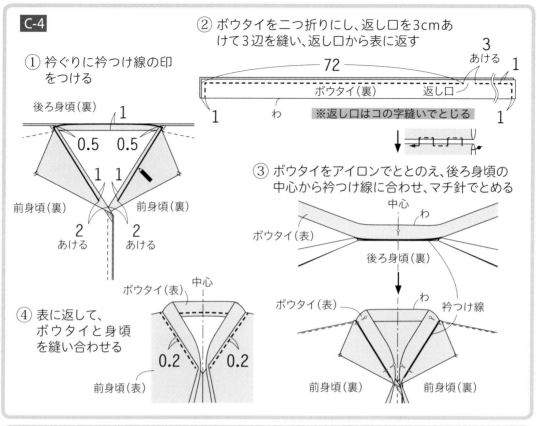

C-5
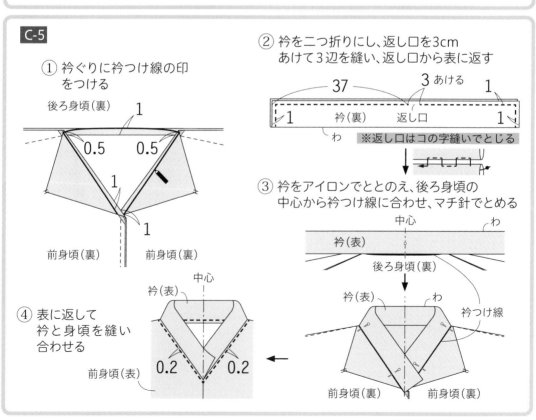

4 脇と袖ぐり、袖を縫う

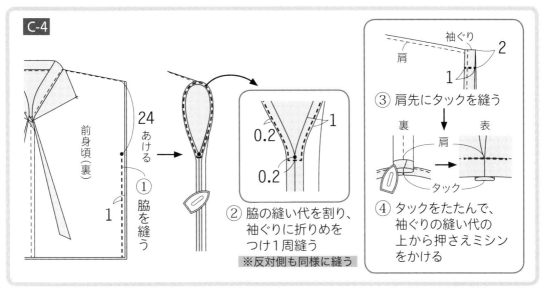

C-5

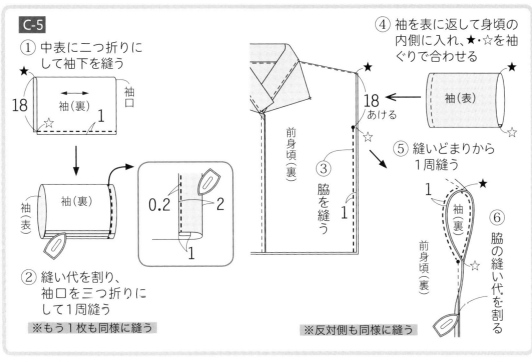

5 裾を縫う

❶ 裾を三つ折りにして1周縫う

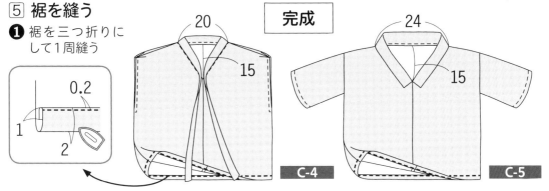

裁ち図 単位はcm
↔ 布のたて地の方向
〰 ジグザグ縫い（裁ち図のみに記載）

C-6 シャツワンピース

Photo P.20

材料
布（コットンストライプ）
…110cm幅×2.5m
衿の布（ブロード）…110cm幅×0.5m
1.2cm幅の伸びどめテープ
（片面アイロン接着）…適宜
1cm幅のスナップボタン…9組

仕上がりサイズ

	S	M	L
身幅	59	62	65
着丈		110	

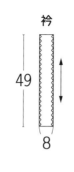

衿 49 × 8

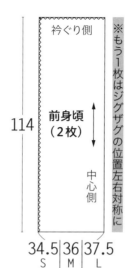

前身頃（2枚） 114
※もう1枚はジグザグの位置左右対称に
中心側
34.5 / 36 / 37.5
S / M / L

後ろ身頃 114
61 / 64 / 67
S / M / L

胸ポケット
ポケット口側
12 × 8

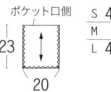

サイドポケット
ポケット口側
23 × 20

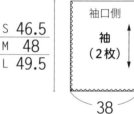

袖（2枚）
袖口側
S 46.5
M 48
L 49.5
38

C-7 ノーカラーコート

Photo P.21

材料
布（ウールドビー）…140cm幅×2m
1.2cm幅の伸びどめテープ
（片面アイロン接着）…適宜

仕上がりサイズ

	S	M	L
身幅	65	68	71
着丈		95	

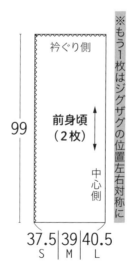

前身頃（2枚） 99
※もう1枚はジグザグの位置左右対称に
中心側
37.5 / 39 / 40.5
S / M / L

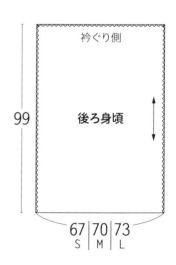

後ろ身頃 99
67 / 70 / 73
S / M / L

ポケット（2枚）

ポケット口側
23 × 20

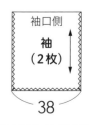

袖（2枚）
袖口側
S 40.5
M 42
L 43.5
38

作り方C-6・C-7共通

1 前身頃の前立てを縫う

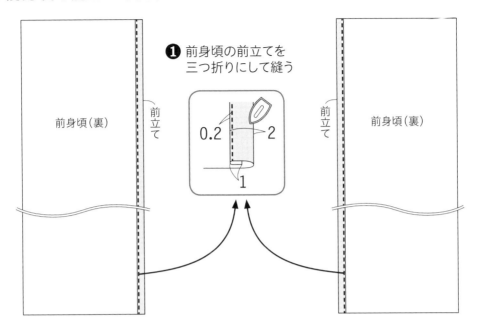

❶ 前身頃の前立てを三つ折りにして縫う

2 前身頃と後ろ身頃を合わせ、肩を縫う

❶ 身頃を中表に合わせて脇でそろえ、肩を縫う
❷ 印をつける

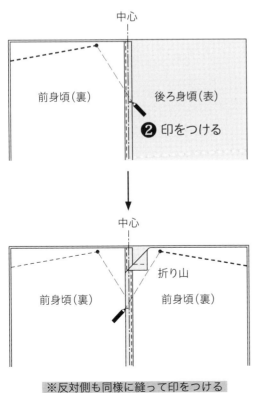

※反対側も同様に縫って印をつける

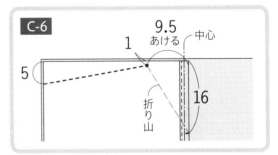

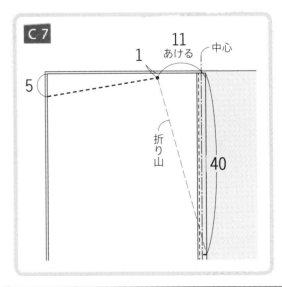

3 衿・衿ぐりを縫う

❶ 折り山を折って、アイロンで折りめをつける

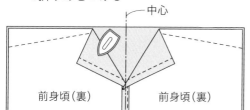

❷ 衿ぐりをひらき、折り山に沿って伸びどめテープを貼る
※P.64-2 MEMO参照

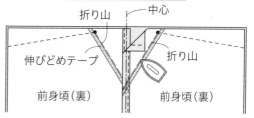

❸ 肩の縫い代と衿ぐりを後ろ身頃側にたおす

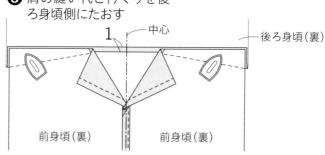

C-6

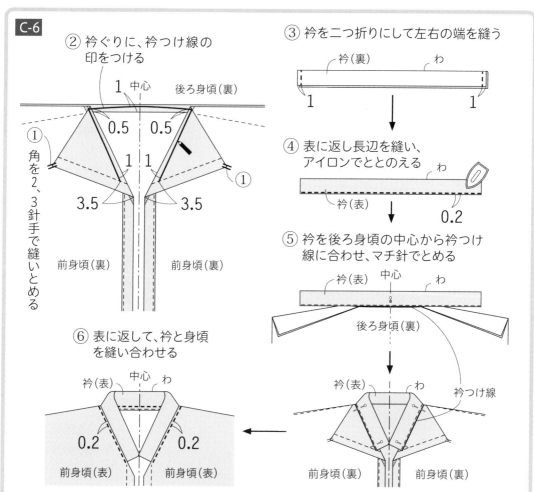

② 衿ぐりに、衿つけ線の印をつける

① 角を2、3針手で縫いとめる

③ 衿を二つ折りにして左右の端を縫う

④ 表に返し長辺を縫い、アイロンでととのえる

⑤ 衿を後ろ身頃の中心から衿つけ線に合わせ、マチ針でとめる

⑥ 表に返して、衿と身頃を縫い合わせる

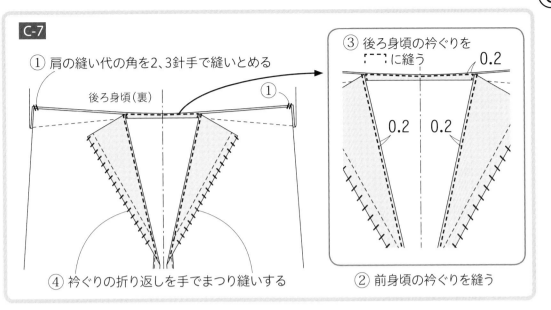

4 袖を作る

5 袖を縫いつける

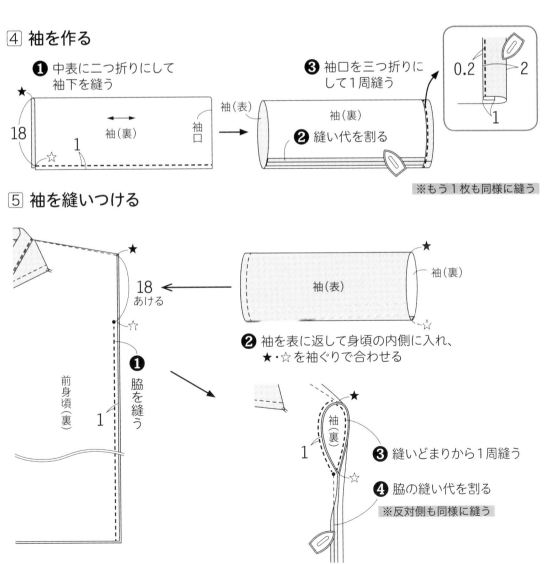

⑥ スナップボタンをつける

C-6はボタンを6cm間隔で9組つける

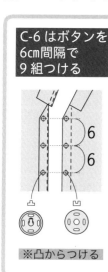

① 1針すくって穴に通す
② 糸の輪に針をくぐらせて3、4回とめる
③ すべての穴で①、②を繰り返す
④ 玉どめし、ボタンの下に通して糸を切る

※凸からつける

⑦ ポケットをつける

❶ ポケット口を三つ折りにして縫い、底辺、左右の順に縫い代を折る

※P48-②-❶参照

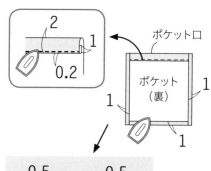

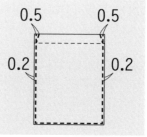

❷ ポケットを図の位置に縫いつけ、ポケット口の両端は補強用に斜めに縫う

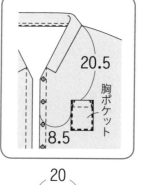

完成

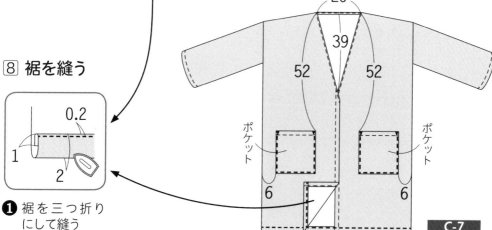

C-6 / C-7

⑧ 裾を縫う

❶ 裾を三つ折りにして縫う

c-8 羽織ジャケット

Photo P.22

材料
布(中厚リネン)
…145cm幅×2m(Sサイズは1.5m)

仕上がりサイズ

	S	M	L
身幅	53	56	59
着丈		60	

裁ち図　単位はcm
←→ 布のたて地の方向
〜〜 ジグザグ縫い(裁ち図のみに記載)

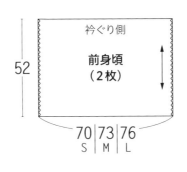

前身頃(2枚) 衿ぐり側
52 / 70(S) 73(M) 76(L)

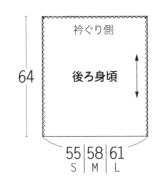

後ろ身頃 衿ぐり側
64 / 55(S) 58(M) 61(L)

肩ヨーク(2枚)

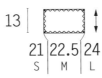
13 / 21(S) 22.5(M) 24(L)

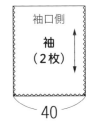
袖(2枚) 袖口側
S 46.5 / M 48 / L 49.5 / 40

c-9 羽織コート

Photo P.23

材料
布(ブリティッシュヘリンボン)
…140cm幅×3m(Sサイズは2m)

仕上がりサイズ

	S	M	L
身幅	59	62	65
着丈		90	

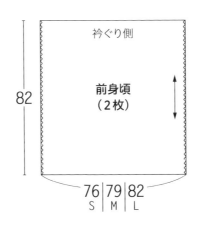

前身頃(2枚) 衿ぐり側
82 / 76(S) 79(M) 82(L)

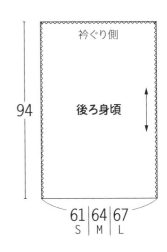

後ろ身頃 衿ぐり側
94 / 61(S) 64(M) 67(L)

肩ヨーク(2枚)

13 / 24(S) 25.5(M) 27(L)

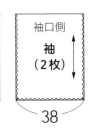
袖(2枚) 袖口側
S 44.5 / M 46 / L 47.5 / 38

作り方C-8・C-9共通

1. 肩ヨークを縫い、後ろ身頃と縫い合わせる

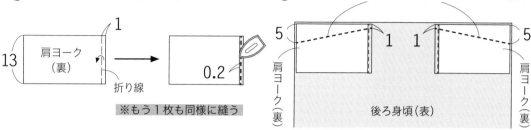

2. 前身頃を縫う

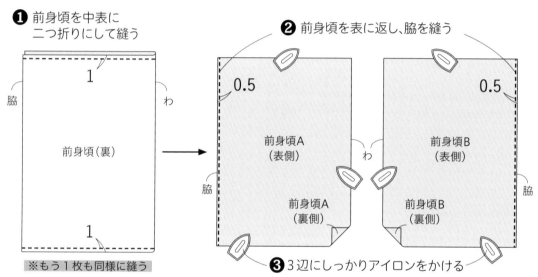

3. 前身頃を肩ヨークに縫い合わせる

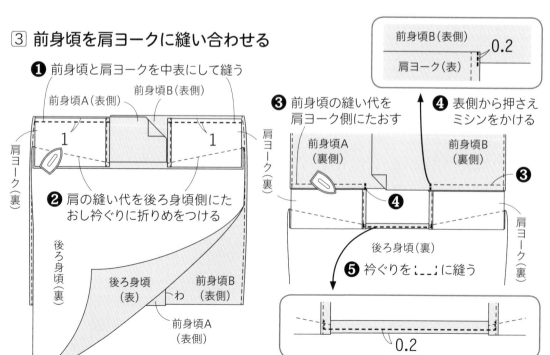

4 袖を作る

Aの寸法	C-8	C-9
	19	18

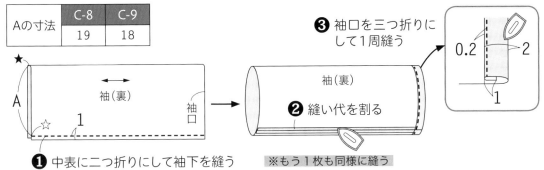

5 脇を縫い、袖を身頃に縫いつける

6 裾を縫う

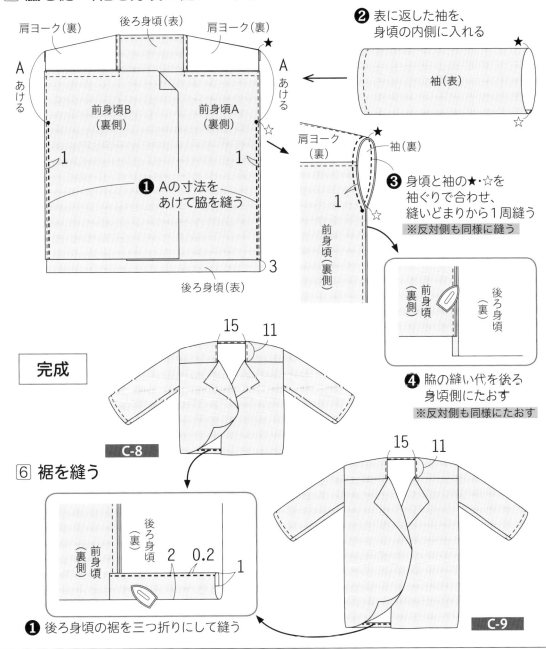

Profile

松下純子 Junko Matsushita (Wrap Around R.)

大学を卒業後、水着のパタンナーを経て、2005年にWrap Around R.（ラップアラウンドロープ）を立ち上げる。「着物の色や柄、反物の幅をいかした、今の暮らしにあった服作り」をコンセプトにした作品は、幅広い年代に支持され、テレビや雑誌などで幅広く活動中。大阪市内にあるアトリエRojiroom（ロジルーム）では、着物のリメイク教室やワークショップを開催するほか、着物地やオリジナルパーツなどの販売も行っている。
著書に『型紙いらずの着物リメイク 1枚の着物でセットアップ』『型紙いらずの着物リメイク 羽織と帯でつくるワードローブ』（ともに河出書房新社）など。

[ホームページ] http://w-a-robe.com
教室の日程、展示会の情報などはこちら。

布地提供　ノムラテーラー
京都市下京区四条通麸屋町東入奈良物町362
電話 075-221-4679

＜オンラインショップ＞
https://www.nomura-tailor.co.jp
※P.7下、9、17上、19、21、23は参考商品（P.20は著者私物）。季節によって商品の入れ替えをするため、掲載の布地が欠品の際はご容赦ください。

衣装協力　ippei takei
大阪市中央区内本町2-1-2　梅本ビル5階
電話 06-6942-1247
http://www.ippeitakei.jp
※P.5上、6右、15、17上、18、21、23

Staff

ブックデザイン　林コイチ
撮影　木村正史
スタイリング　楠田英紀
ヘアメイク　駒井麻未
モデル　スコットつばめ（NAME MANAGEMENT）
製図　東恵子
編集協力　増井菜三子
縫製アシスタント　清水真弓、浅香美佐子、阪本真美子
校正協力　ぷれす
編集・作り方原稿　キムラミワコ

本書の内容に関するお問い合わせは、お手紙かメール（jitsuyou@kawade.co.jp）にて承ります。
恐縮ですが、お電話でのお問い合わせはご遠慮くださいますようお願いいたします。

本書に掲載されている作品及びそのデザインの無断利用は、個人的に楽しむ場合を除き、著作権法で禁じられています。本書の全部または一部（掲載作品の画像やその作り方図等）を、ホームページに掲載したり、店頭、ネットショップ等で配布、販売したりする場合には、著作権者の許可が必要です。

**型紙いらずのまっすぐ縫い
いちばんやさしい洋服づくりの教科書**

2019年3月20日　初版印刷
2019年3月30日　初版発行

著者　松下純子
発行者　小野寺優
発行所　株式会社河出書房新社
　　　〒151-0051
　　　東京都渋谷区千駄ヶ谷2-32-2
　　　電話　03-3404-1201（営業）
　　　　　　03-3404-8611（編集）
　　　http://www.kawade.co.jp/
印刷・製本　図書印刷株式会社

Printed in Japan
ISBN978-4-309-28725-6

落丁本・乱丁本はお取り替えいたします。
本書のコピー、スキャン、デジタル化等の無断複製は著作権法上での例外を除き禁じられています。本書を代行業者等の第三者に依頼してスキャンやデジタル化することは、いかなる場合も著作権法違反となります。